# MANUEL HYGIÉNIQUE

## POUR

## L'ENTRETIEN ET LA CONSERVATION

### DES

# DENTS.

## DOUAI.

CHEZ JULES TESSE, CHIRURGIEN-DENTISTE,

Rue des Procureurs, 6.

## 1855.

# MANUEL HYGIÉNIQUE

## POUR

## L'ENTRETIEN ET LA CONSERVATION

### DES

# DENTS.

## DOUAI.

### CHEZ JULES TESSE, CHIRURGIEN-DENTISTE,

Rue des Procureurs, 6.

### 1855.

# HYGIÈNE DES DENTS.

~~~~~~~

Ayez soin de vos dents, si vous
voulez bien digérer et vivre longtemps ; la faiblesse des dents influe
sur la digestion : de là, mille maux.

La propreté de la bouche est sans contredit
le meilleur moyen de conserver les dents et de
les préserver d'un grand nombre d'accidents.
Leur propreté, leur blancheur, leur solidité,
jointes à la fraîcheur vermeille des gencives et
des lèvres, dénotent toujours une brillante
santé, et sont l'apanage exclusif des personnes
qui donnent des soins à l'entretien de leur
bouche.

Il y a plusieurs personnes qui, sans donner
le moindre soin à leurs dents, ne les ont jamais
ni sales ni atteintes par le tartre. Mais la plupart, après le sommeil surtout, les sentent
comme agglutinées par une substance limo-

neuse qui augmente chaque jour , si on né-
glige d'entretenir la propreté de la bouche.

Le premier de tous les soins journaliers con-
siste , au sortir du lit , à se rincer la bouche
avec de l'eau à une température de 10 à 12
degrés quand on peut supporter le froid , ou
avec de l'eau tiède quand les dents sont sensibles. Après quoi , on se frotte les dents avec
une brosse demi-douce ( numéro 5 ) trempée
dans l'eau. Pour bien se brosser les dents , il
faut diriger la brosse dans toutes les directions,
et avoir soin de faire des demi-mouvements de
rotation pour que les crins pénètrent dans l'in-
terstice des dents ; ensuite , on se rince la bouche à plusieurs reprises.

Ce n'est guère qu'à l'âge de huit ou dix ans
qu'on doit faire prendre aux enfants l'habitude
de soigner leurs dents ; on doit la leur faire
contracter comme une nécessité absolue , en
les obligeant de se rincer la bouche tous les
matins avec de l'eau légèrement tiède en hiver,
et à la température ordinaire en été. Pour peu
que les dents aient de la tendance à rester sales
ou à se carier , il faut les brosser trois fois par
semaine avec une brosse très-douce imbibée

d'eau aromatisée avec de l'eau de Cologne, ou mieux encore avec de l'eau de Botot, et se servir une fois par semaine de poudre dentifrice.

Chaque fois qu'on cesse de manger, il est indispensable de se servir d'un cure-dents EN PLUME, pour enlever les particules alimentaires qui se sont insinuées entre les dents, et dont le séjour favorise la formation du tartre et prédispose à la carie.

Il est des cas nombreux où l'eau seule n'a pas la propriété de rendre aux dents le brillant de l'émail terni par le limon. On devra alors se servir tous les jours d'élixir dentifrice, plus connu sous le nom d'EAU DE BOTOT. Cet élixir donne du ton et de la fraîcheur aux gencives. On en verse dix ou quinze gouttes dans un demi-verre d'eau, on s'en frotte les dents avec une brosse, et on se rince la bouche avec le même mélange.

Le frottement des dents à l'aide d'une brosse imprégnée d'eau dans laquelle on aura versé quelques gouttes de liqueur, ne suffit pas toujours. Il y a des personnes qui, par suite de leur constitution ou d'une négligence antérieure , sont obligées de se servir de poudre.

La POUDRE DENTIFRICE du docteur TESSE , à base alcaline et végétale , a le grand avantage de nettoyer parfaitement les dents sans en altérer l'émail, et donne à la bouche une fraîcheur agréable. On doit s'en servir deux ou trois fois par semaine , et même tous les jours quand le tartre s'accumule trop vite. On en prend une pincée qu'on met sur une brosse humide, et on s'en frotte les dents dans toutes les directions (1); puis on se rince la bouche avec de l'eau tiède , pure ou aromatisée.

Lorsque les dents sont vacillantes, les gencives molles, sensibles, saignantes, ou lorsque la carie des dents est trop avancée , il faut faire usage d'ÉLIXIR TONIQUE OU ANTI-SCORBUTIQUE. On l'emploie de la même manière que l'eau de Botot.

# PRÉCEPTES GÉNÉRAUX

## POUR LA CONSERVATION DES DENTS.

Indépendamment des soins hygiéniques que

(1) Il faut avoir soin de ne jamais mettre la brosse mouillée dans la boîte.

nécessitent les dents et les gencives, il est encore certaines précautions à prendre pour conserver la beauté et la bonté de ces organes. Tout le secret est d'éviter ce qui peut leur être nuisible, et, pour atteindre ce but, il faut se garder :

1°. D'employer aucun répercussif pour faire disparaître les taches du visage, ni aucune pommade pour teindre les cheveux ;

2°. De casser des corps trop durs avec les dents ; de faire un tire-bouchon ou étau de ses mâchoires ;

3°. De briser du fil ou aucun autre lien avec les incisives, qui cependant peuvent être ébréchées par leur frottement, sans être pour cela sujettes à la carie ;

4°. De laisser séjourner aucune substance dans les cavités que ces organes pourraient présenter, et surtout de faire abus de substances improprement nommées dentifrices, savoir : le corail, la pierre ponce, les eaux et élixirs acides ;

5°. De prendre des aliments ou des boissons froides après des aliments ou des boissons très-chaudes ; de s'exposer au grand air après avoir fumé, car ce n'est pas la fumée qui altère les dents , mais bien l'air frais qui , en pénétrant dans la bouche dont les parois sont dans un état de moiteur , détermine quelquefois une inflammation de la pulpe dentaire, d'où peut résulter une carie ;

6°. De prendre en trop grande abondance les eaux minérales , quand une affection quelconque vous oblige d'en faire usage ; leur emploi journalier agace les dents , les rend douloureuses et les couvre d'un enduit noirâtre. Il faut s'abstenir de manger beaucoup de sucreries , des fruits verts, et en général de toutes les substances acides qui peuvent altérer les dents d'une manière très-funeste.

## ODONTALGIE.

L'odontalgie (douleur de dents) est plus fréquente dans l'enfance , la jeunesse et les premières années de l'âge adulte , que dans les périodes plus avancées de la vie. C'est une douleur aiguë , violente , lancinante , qui empêche plus ou moins la mastication , prive momentanément du sommeil , et qui est quelquefois accompagnée d'un léger mouvement fébrile.

Lorsqu'une dent ravagée par la carie est douloureuse, il faut se hâter d'éloigner de la cavité l'air et les aliments, essuyer la dent avec du coton, et appliquer ensuite dans la carie une petite boulette de coton imprégnée d'ÉTHÉROLÉ DE MASTIC (PLOMBAGE PROVISOIRE). Ce plombage fait cesser la douleur presque immédiatement, dure plusieurs jours et peut être facilement remplacé Beaucoup de dents douloureuses sont calmées par ce moyen, par la cautérisation, par l'embaumement et une foule d'autres remèdes, tels que Chloroforme, Eau d'O'Méara, l'Algontine, Créosote, Eau de Botot, Ciment de Taveau, le Paraguay-Roux, l'Odontine du docteur Oudet, l'opium, etc., etc. Mais il est des cas malheureusement trop nombreux où rien ne réussit; il faut alors avoir recours à l'extraction.

Il est une autre douleur de dents due à l'inflammation du cordon dentaire, à i'extrémité de la racine, et du périoste alvéolaire; elle est caractérisée par une douleur sourde d'abord, ensuite aiguë et pulsative; la gencive ne tarde pas à se gonfler et à devenir rouge et douloureuse, et souvent le gonflement se propage à la joue. Les remèdes anti-odontalgiques ne réussissent jamais dans ces cas. Il faut combattre cette inflammation par les gargarismes émollients aromatisés avec de l'élixir tonique, par l'application des sangsues sur les gencives et au-dessous des angles des mâchoires, par des boissons émollientes tièdes, les bains tièdes et les bains de pieds sinapisés. Ces moyens devront être employés, si toutefois on ne veut recourir à l'extraction, qui réussit toujours

Quand on a négligé d'entretenir la propreté des dents et qu'elles commencent à se charger de tartre, ou que cette concrétion s'y est attachée, il faut nécessairement avoir recours au dentiste pour enlever entièrement cette substance.

Il est une erreur que partage un grand nombre de personnes, c'est de croire que lorsque l'on a une fois confié à un dentiste le nettoiement de sa bouche, on ne saurait dorénavant se passer de lui, parce qu'alors les dents se couvrent beaucoup plus vite de tartre qu'auparavant. Mais il n'en est point ainsi; car, si, après cette petite opération, on était exact à s'acquitter des soins que la propreté des dents réclame, on les conserverait très-longtemps exempts de tartre , et on se soustrairait par ce moyen à l'emploi des instruments d'acier, que redoutent la plupart de ceux qui , par leur négligence, en rendent l'application indispensable.

## CARIE.

Il est des conditions sous l'influence desquelles les dents ont acquis une disposition à se détériorer ; les unes sont entièrement produites par des agents locaux qui agissent directement, tels que les coups , les chutes , les acides , le chaud et le froid, l'inflammation du bulbe dentaire ; les autres prennent part à un état vicieux de la constitution générale.

La terminaison la plus ordinaire des maladies des dents est une érosion de leur substance qu'on nomme carie. La CARIE n'est point douloureuse par elle-même : l'affection des nerfs , seule, excite la sensibilité de l'organe dentaire. La dent malade présente d'abord sur un point quelconque de sa surface une tache brune qui répond à la perte de l'émail ; bientôt la place occupée par cette tache offre une légère excavation noirâtre qui cherche ainsi à s'étendre et à envahir la totalité de la dent qui peut être profondément cariée sans déterminer de fortes douleurs, mais s'altère rarement sans que, dès le commencement, elle soit très-sensible à l'impression du chaud et du froid. D'autres fois, au contraire, la dent s'altère à l'intérieur, et la carie ne se montre au dehors qu'après avoir insensiblement détruit la substance osseuse et occasionné la rupture de la portion d'émail qui recouvre le point altéré.

Consulté aussitôt que la plus légère altération se manifeste, le dentiste pourra porter à cet égard un jugement certain.

Lorsque la carie est peu profonde et affecte le côté par lequel se touchent les dents, il faut se hâter d'isoler la partie atteinte, et faire au moyen de la lime la résection de la portion cariée. Mais quand cette destruction est plus profonde, qu'elle forme une excavation et que la dent est insensible, il faut, après avoir entièrement détruit la carie, procéder au plombage.

## PLOMBAGE.

Le plombage est l'opération qui a pour but

de combler exactement la cavité produite par
ja carie, de manière à la soustraire à l'action de
l'air et au contact des matières alimentaires ou
autres ; en bornant ainsi les progrès du mal,
il fera cesser toute douleur et rendra la dent à
ses usages ordinaires.

Le plombage se faisait autrefois avec des
feuilles de plomb auxquelles on a substitué
l'étain, l'argent, l'or, le platine, le métal d'Ar-
cet, la pâte d'argent de Taveau, plus connue
sous le nom de MINÉRAL SUCCÉDANEUM, l'amal-
game d'étain et de cadmium, etc., etc. On se
sert de préférence de feuilles d'étain, de platine,
mais bien mieux encore d'OR, qui convient surtout pour boucher les excavations affectant les
dents antérieures, parce que non-seulement il
ne s'oxide pas, mais encore parce qu'il est de
tous les métaux celui dont la teinte s'harmonise
le mieux avec celle des dents.

Par ces moyens et une foule d'autres que peut
employer un dentiste expérimenté, on pourra
conserver longtemps des dents déjà attaquées
par la carie, les rendre encore propres à
remplir leurs principales fonctions, et éviter
souvent les douleurs de l'extraction.

Malgré toutes les précautions prises , il y a cependant des cas où la perte des dents est inévitable. Les maladies, le mauvais régime, le manque de soins , certaines eaux de puits , les mauvaises localités , les dentifrices acides , et bien d'autres causes qu'il serait trop long d'énumérer , viennent conspirer contre les organes de la mastication , et trop souvent les détruire en totalité ou en partie Quelle que soit la cause qui a déterminé la chute d'une dent , sa perte est toujours accompagnée de grands inconvénients : la digestion souffre , la prononciation est inexacte et la physionomie perd de sa grâce et de sa régularité. C'est pour remédier à ces inconvénients qu'on a recours à la prothèse dentaire.

## PROTHÈSE DENTAIRE.

C'est la partie de l'art du dentiste qui a pour objet de substituer des pièces artificielles aux dents qui manquent. On se sert de plusieurs substances pour la confection des dents artificielles. Tantôt on emploie les dents humaines, d'autres fois les dents en hippopotame ou cheval marin , avec lesquelles on fait les DENTS OSANORES , les DENTS SANS CROCHETS NI LIGATURES ; puis les dents minérales ou incorruptibles , qui sont fixées par divers moyens et servent aussi à la confection des DENTIERS PNEUMATIQUES , tenant sans ressorts ni ligatures.

C'est au dentiste à déterminer la substance avec laquelle les dents devront être fabriquées , et les moyens propres à les adapter.

# DÉPOT GÉNÉRAL

## Chez Jules Tesse, Chirurgien-Dentiste,

*Rue des Procureurs, 6.*

~~~~~~~~

**Poudre dentifrice** du docteur Tesse, à
base alcaline et végétale, . . . . . 1 50

**Eau de Botot**, . . . . . . . . 1 50

**Élixir tonique anti-scorbuti-
que**, pour gencives saignantes, sensibles, les dents chancelantes, . . . 1 50

**Éthérolé de mastic**, pour plomber
soi-même les dents douloureuses ou
trop cariées, . . . . . . . . . 1 ,,

**Brosses douces**, nº 5 . . . . 1 ,,

Douai.— Adam d'Aubers, imprimeur.